Annette Weber

Luca will weg

AF287951

KidS

Verlag an der Ruhr

Impressum

Titel
KidS – Klassenlektüre in drei Stufen
Luca will weg – Lesestufe 1

Autorin
Annette Weber

Titelbildmotiv und Illustrationen im Innenteil
Axel Nicolai

Druck
Heenemann GmbH & Co. KG, Berlin, DE

Verlag an der Ruhr
Mülheim an der Ruhr
www.verlagruhr.de

Ab 7 Jahre

© **Verlag an der Ruhr 2014,** Nachdruck 2024
ISBN 978-3-8346-2480-2

Begleitendes Unterrichtsmaterial:
KidS – Literatur-Kartei: „Luca will weg"
3-fach differenzierter Lesebegleiter
ISBN 978-3-8346-2483-3

PEFC zertifiziert
Dieses Produkt stammt aus nachhaltig
bewirtschafteten Wäldern und kontrollierten
Quellen.

PEFC
www.pefc.de
PEFC/04-31-1156

Inhalt

Aufregung beim Judo

In diesen Sommerferien war Klara
oft beim Judo.
Sie wollte die Prüfung für
den gelben Gurt schaffen.
5 Dafür musste sie viel trainieren.
„Übt zu Hause noch einmal
den O-Goshi", sagte der Trainer.
Klara seufzte. Der O-Goshi war schwer.
Sie schaute aus dem Fenster.

Ein Junge stand dort an einem Baum.

Eine kleine Ratte saß auf seiner Schulter.

Sie war so süß.

„Klara? Hörst du zu?",

5 ermahnte der Trainer.

Er war immer sehr streng.

Klara nickte schnell.

„Ihr sollt auch die Falltechnik noch mal

üben. Hört ihr?", sagte der Trainer.

10 Klara nickte. „Also, dann. Rei!"

Der Trainer verneigte sich.

Die Judoschüler verneigten sich

ebenfalls. Dann sprangen alle auf.

Klara und ihre Freudinnen liefen

15 zum Umkleideraum. Doch an der Tür

blieben sie erschrocken stehen.

Was war denn hier passiert?

Anoraks lagen auf dem Boden.

Rucksäcke waren aufgerissen.

„Das gibt es doch nicht", rief Jelka.

„Jemand hat unsere Sachen durchsucht",

5 kreischte Linda.

Auch die Jungen nebenan regten sich auf:

„Jemand hat was geklaut!"

„Meine Jacke ist weg!"

„Jemand hat meine Brotdose gestohlen!"

10 „Ich glaube, mir fehlt ein Euro!"

Da kam der Trainer angelaufen.

„Das kann doch nicht wahr sein!", rief er.

„Jemand muss sich in die
Umkleideräume geschlichen haben."

5 Plötzlich fiel Klara der Junge mit der
Ratte wieder ein. „Vielleicht war er es",
sagte sie. Aber niemand hatte den
Jungen gesehen.

Kurze Zeit später kam die Polizei.

10 Klara erzählte auch von dem Jungen.

Doch der Polizist sagte:

„Man weiß nicht, ob er der Dieb ist.

Für einen Verdacht reicht das nicht aus."

Klaras Schwestern

Klaras Eltern waren fünf Tage
in den Urlaub gefahren.
In der Zeit passten die großen
Schwestern Sanja und Greta
5 auf Klara auf.
Greta holte Klara vom Judo ab.
Klara freute sich.
Fünf Tage ohne Eltern
war sehr spannend.
10 „Bei uns in der Umkleide wurde
eingebrochen", rief Klara Greta zu.
„Ich glaube, ich habe den Dieb
gesehen." Greta grinste.
„Hatte er ein T-Shirt an,
15 auf dem ‚Dieb' stand?", fragte sie.

Da musste Klara lachen.

„Nein", gab sie zu.

Sie dachte über den Jungen nach.

„Ich weiß auch nicht. Er sah so …

5 so traurig aus", sagte sie dann.

Aber Greta zog sie weiter. „Komm,

beeil dich. Sanja hat Milchreis gemacht."

Klara strahlte. Milchreis war ihr

Lieblingsessen. Zu Hause war der Tisch

10 schon gedeckt. Klara umarmte

Schnuffel, ihren großen Hund.

„Ich bin total hungrig!", rief sie.

Der Milchreis schmeckte gut.

Danach räumten die drei Mädchen

15 den Tisch ab. Jetzt sprang Schnuffel auf.

Nach dem Essen war es Zeit fürs

Gassigehen.

„Kommst du mit, Klara?", fragte Greta.
Klara nickte. Die Runde mit Schnuffel
war immer lustig.
Schnuffel, Greta und Klara gingen
5 zusammen in den Park.
„Kannst du mal mit Schnuffel allein
weitergehen?", fragte Greta plötzlich.
„Wir können uns ja nachher
am Spielplatz treffen."

Natürlich! Greta wollte sich wieder
mit ihrem neuen Freund treffen.
„Mach ich", sagte Klara und nahm die
Leine. „Aber sag Sanja nichts", flüsterte
5 Greta. Klara schüttelte den Kopf.

Allein ging sie mit Schnuffel am See
entlang. Schließlich kehrte sie zum
Spielplatz zurück. Dort ließ sie Schnuffel
von der Leine. Plötzlich bellte er laut.
10 „Verschwinde! Los, weg hier!",
rief eine Kinderstimme.
Sie kam aus dem Holzhäuschen.
Klara schaute nach. Hier saß ein Junge.
Er hatte eine kleine Ratte bei sich.

Der Junge hatte zwei Anoraks
auf der Bank ausgebreitet.
Eine Brotdose stand auf dem Tisch.
Die kleine Ratte knabberte an dem Brot.
5 Sie schaute erst Klara und dann Schnuffel
an, und schwups – war sie im Ärmel
des Jungen verschwunden.
Klara erkannte den Jungen sofort.
„Hallo", sagte sie.

Der Junge im Park

Der Junge antwortete nicht.

„Schnuffel, mach Platz!", sagte Klara.

Der Hund setzte sich neben sie.

„Du kannst deine Ratte wieder rausholen",

5 meinte Klara. „Schnuffel tut ihr nichts."

Der Junge sagte kein Wort. Aber die

Ratte schien Klara verstanden zu haben.

Sie kletterte aus dem Ärmel und setzte

sich auf den Anorak. Klara erkannte den

10 Anorak. Er gehörte Jelka.

„Wenn Jelka wüsste, dass eine Ratte auf

ihrem Anorak sitzt, würde sie schrecklich

schreien", meinte Klara.

„Das ist mein Anorak",

15 erwiderte der Junge.

Klara schüttelte den Kopf: „Das stimmt
nicht. Der gehört meiner Freundin Jelka.
Und diese blaue Brotdose gehört Timo.
Der ist auch in meiner Judogruppe."
5 Der Junge sah ängstlich aus. „Quatsch!",
sagte er unsicher. Klara musterte ihn.
Er war so alt wie sie. Warum saß er hier
allein im Spielhäuschen?
„Bist du abgehauen?", fragte Klara
10 neugierig. „Quatsch!", sagte der Junge
wieder. Er sah Klara aber nicht an.
„Darf ich deine Ratte mal streicheln?",
fragte Klara. Der Junge nickte.
Klara streckte die Hand aus.
15 Da kam die Ratte zu ihr gelaufen.

„Sie heißt Nelly", sagte der Junge.

„Und wie heißt du?", wollte Klara wissen.

„Luca. Und du?" „Ich bin Klara."

Klara setzte sich nun zu Luca ins

5 Spielhäuschen. „Was machst du hier?",

fragte sie noch einmal.

„Du bist doch abgehauen, stimmt's?"

Der Junge schluckte. Dann nickte er.

„Warum?", fragte Klara. Luca sah nun

10 ganz traurig aus. „Meine Eltern haben sich

gestritten", sagte er. Klara wunderte sich.

„Das kann doch mal passieren", sagte sie.

„Meine Eltern streiten sich auch mal.

Aber deswegen …"

„Meine Eltern haben sich aber
ganz schlimm gestritten",
unterbrach sie der Junge.
„Dann hat meine Mutter ihren Koffer
5 gepackt und ist verschwunden."
„Und du?", fragte Klara.
„Da bin ich auch abgehauen",
murmelte Luca.
Dann schwiegen beide.

Klaras Geheimnis

„Klara?", rief Greta. „Wo bist du?"
Schnuffel bellte und lief zu Greta.
Luca sah Klara ängstlich an.
„Keine Angst", flüsterte Klara. „Das ist
5 meine Schwester. Ich verrate dich nicht."
Sie stand auf. „Ich komme gleich!", rief sie
Greta zu. „Bleibst du die ganze Nacht
hier?", fragte sie Luca dann. Der nickte.
„Bis Mama wieder da ist."
10 „Aber woher willst du wissen, wann sie
wieder da ist?", wollte Klara wissen.

„Ich schaue, ob ihr Auto vor der Tür ist.
Und heute war es noch nicht da."
Klara seufzte.
Sie konnte Luca gut verstehen.
5 Es war wirklich gemein von seiner Mutter,
einfach so wegzugehen.
„Dann komme ich morgen wieder",
versprach Klara.
„Und ich bringe dir etwas zu essen mit."
10 Lucas lächelte dankbar.
Trotzdem sah er traurig aus.
Da wurde auch Klara ganz traurig.
„Wo bleibst du denn?", rief Greta.
„Tschüss, bis morgen", flüsterte Klara.
15 Luca antwortete nicht.

Am nächsten Morgen regnete es.

Klara musste gleich an Luca denken.

Bestimmt war ihm kalt.

Bestimmt hatte er Hunger.

5 Klara lief in die Küche. Ihre große
Schwester Sanja hatte schon Frühstück
gemacht. „Hallo, Sanja", sagte Klara.
„Jelka und ich wollen gleich am
Spielplatz zusammen picknicken.

10 Machst du uns ein paar Brote?"

Sanja wunderte sich: „Picknicken?
Bei dem Wetter?" „Wir setzen uns
ins Spielhäuschen", erzählte Klara.
Da schmierte Sanja wirklich ein paar
5 Brote mit Nutella, Marmelade und
Salami.
Klara packte auch zwei Päckchen Kakao
und Saft in ihren Rucksack. Dann packte
sie eine Decke und ein Kissen ein.

10 Luca wartete schon auf sie.
Als er Klara sah, lächelte er.
Klara gab ihm die Decke und die Kissen.
Er kuschelte sich hinein.
Dann aß er gierig die Brote.
15 Auch Nelly hatte Hunger.

Klara fütterte die kleine Ratte.

Das Frühstück dauerte fast eine Stunde.

Luca, Klara und Nelly aßen, tranken und

schwiegen. „Wie soll das mit dir

5 weitergehen?", fragte Klara schließlich.

Luca zuckte die Schultern.

„Weiß ich auch nicht", sagte er.

„Nach Hause gehe ich jedenfalls nicht."

Ein neues Versteck

Es regnete immer noch. Klara und Luca
saßen schweigend in der Hütte.
Alle Brote waren gegessen. „Wie kann ich
ihm bloß helfen?", dachte Klara immer
5 wieder. Plötzlich fiel ihr etwas ein.
Zu ihrer Wohnung gehörte ein Kellerraum.
Der war bestimmt ein gutes Versteck.
„Luca, ich habe eine gute Idee", sagte sie.
Und dann erzählte sie von dem
10 Kellerraum.
„Dort gibt es sogar ein Sofa zum Schlafen.
Und am Ende des Flures
ist ein kleines Badezimmer."

Luca hörte gespannt zu.

Er sah jetzt ganz erleichtert aus.

Das nasskalte Wetter machte ihm zu

schaffen. Klara stand auf.

5 „Komm mit", sagte sie zu ihm.

Sie zogen ihre Anoraks an.

Nelly schlüpfte in den Ärmel.

Dann liefen sie durch den Regen.

Endlich waren sie an Klaras Haus

10 angekommen. Klara klingelte.

Luca versteckte sich hinter der Haustür.

Der Türsummer ertönte.

„Ich bin's, Klara!", rief Klara laut.

Dann winkte sie Luca zu sich.

Klara zeigte auf die Kellertreppe.

„Geh schon mal runter", flüsterte sie.

„Ich muss nur noch den Schlüssel holen.
Und pass auf, dass dich niemand sieht."

5 Luca nickte. Leise schlich er die Treppe
hinunter. Klara rannte zur Wohnung
hoch. Sanja begrüßte sie. „Das war ja ein
langes Picknick. Bei dem Regen."

„Wir waren doch im Spielhäuschen",

10 erklärte Klara. Sie überlegte kurz.
Dann schnappte sie sich den Müll.

„Soll ich den mal in den Keller bringen?",
fragte sie. Sanja war überrascht.

„Wenn du willst." Klara nahm den Müll

15 und griff den Kellerschlüssel.

„Bin gleich wieder da", rief sie.

Dann lief Klara die Kellertreppe hinunter.

Unten wartete Luca auf sie.

Er war schon wieder sehr blass.

5 „Ich dachte, du kommst nicht mehr."

„Klar komme ich", sagte Klara.

Dann schloss sie den Kellerraum auf.

wer ist da?

Am nächsten Morgen brachte Klara
Brötchen und Kakao in den Keller.
Luca lächelte: „Wenn ich dich nicht hätte."
Die Nacht allein im Keller war
5 ziemlich unheimlich gewesen.
Nun biss er hungrig in das Brötchen.
Für Nelly hatte Klara Rosinen
mitgebracht. Auch die kleine Ratte
hatte Hunger.

Plötzlich ertönten Schritte.

Jemand kam die Kellertreppe herunter.

„Psst", flüsterte Luca.

Die beiden Kinder lauschten ängstlich.

5 Die Schritte blieben stehen.

Luca und Klara wagten nicht, zu atmen.

Sogar Nelly hörte auf, zu knabbern.

Die Schritte kamen direkt auf die Tür zu.

Luca sprang auf und versteckte sich

10 hinter dem Sofa.

Da wurde die Tür auch schon aufgerissen.

Sanja stand im Türrahmen.

Sie starrte die Ratte an.

Dann betrachtete sie Klara.

15 „Was machst du hier?", fragte sie.

„Und was ist das für ein Tier?"

„Das ist Nelly", erklärte Klara. „Ich habe
sie gestern auf dem Spielplatz gefunden.
Dann habe ich sie hier versteckt."
Klara hatte schon so viele Lügen erzählt,
5 da kam es auf eine auch nicht mehr an.
„Ist das eine Ratte?", fragte Sanja
entsetzt. Doch da machte Nelly schon
einen Satz vom Tisch zum Sofa.
Sie rannte direkt dorthin,
10 wo Luca sich versteckte.
„Wo ist sie?" fragte Sanja.
Sie blickte hinter das Sofa.
Dabei starrte sie genau in Lucas Augen.
„Oh!", machte Luca erschrocken.
15 Sanja schrie auf.
Jetzt musste Klara die Wahrheit sagen.
„Das ist Luca", erklärte sie.
„Er ist mein Freund."

Luca sprang auf. Er schnappte sich Nelly
und rannte zur Kellertür. Aber Klara
stellte sich ihm in den Weg.
„Warte!", rief sie.

5 „Du musst keine Angst haben.
Das ist Sanja, meine Schwester.
Sie hilft dir ganz bestimmt weiter."
Luca zögerte. „Ich tue dir wirklich nichts",
versprach Sanja. „Bist du abgehauen?"

10 Luca antwortete nicht.

wie soll es jetzt weitergehen?

Klara fasste Lucas Hand.

„Komm mit nach oben", sagte sie.

Seine Hand zitterte. Er zog sie zurück.

„Ich helfe dir wirklich", versprach Sanja.

5 „Na gut", brummte Luca.

Dann ging er mit den beiden nach oben.

In der Küche setzte sich Luca auf die

Eckbank. Klara nahm neben ihm Platz.

Sanja ging zunächst ins Wohnzimmer.

10 Klara hörte, wie sie leise mit Greta

redete. Luca lauschte, konnte aber nichts

verstehen. Nun kam Greta in die Küche.

Sie nickte Luca freundlich zu.

„Hallo", sagte Greta. „Das ist ja eine Überraschung! Sanja hat mir gerade erzählt, dass du dich im Keller versteckt hast. Erzähl doch mal, was mit dir los ist.

5 Warum bist du abgehauen?"

Sie setzte sich an den Tisch.

Klara beobachtete Greta genau.

Würde sie Luca wirklich helfen?

Aber Greta war diesmal wirklich freundlich.

Luca erzählte ihr alles:

Wie sich seine Eltern gestritten hatten.

Wie die Mutter weggefahren war.

5 Und wie er abgehauen war.

Dabei rückte er ganz dicht an Klara

heran. Nun kam auch Sanja zurück.

Auch sie hörte aufmerksam zu.

„Bestimmt machen sich deine Eltern

10 große Sorgen", sagte sie. „Sie suchen

dich doch überall." „Sollen sie doch",

meinte Luca. „Dann sehen sie erst mal,

wie schlimm das für Luca ist",

fügte Klara hinzu.

15 „Und vielleicht bleiben sie dann

ja doch zusammen", ergänzte Luca.

„Meinst du?" Greta konnte sich das nicht
vorstellen. „Ganz bestimmt!", antwortete
Luca trotzig. Klara beugte sich vor, um
Nelly zu streicheln. Zufällig sah sie dabei
5 aus dem Fenster. Was war das denn?
Ein Polizeiwagen parkte vor dem Haus.
Zwei Polizisten stiegen aus
und setzten ihre Mützen auf.

„Die Polizei?", murmelte Klara.

„Was wollen die denn hier?"

Wie der Blitz sprang Luca auf.

Er schnappte Nelly und rannte zur Tür.

5 „Mist!", schrie er. „Wie gemein!"

Da war er auch schon verschwunden.

„Luca!", rief Klara ihm nach.

Sie schaute hektisch zum Fenster.

Die Polizisten standen jetzt vor der

10 Haustür. Wer hatte sie angerufen?

Das konnte nur Sanja gewesen sein.

„Du gemeine Kuh!", brüllte Klara.

Tränen traten ihr in die Augen.

Sie sprang auf und rannte zur Tür.

15 Doch Greta stellte sich ihr in den Weg.

Da fiel Klara der O-Goshi wieder ein,
den sie im Judo gelernt hatte.
Sie packte Greta und warf sie
über die Schulter auf den Boden.
5 Greta fluchte.
Schnell lief Klara davon.

Gemeinsame Flucht

Klara rannte in den Keller.

Am Ende des Flures gab es eine Tür.

Von dort führte eine Treppe nach

draußen. Die Tür war offen.

5 Wahrscheinlich war Luca durch sie

geflüchtet. Klara lief den Weg

über die Kellertreppe in den Garten.

„Luca?"

Sie lief bis zum Gartenzaun.

10 Dann kletterte sie hinüber

und lief durch den nächsten Garten.

„Luca?", rief sie immer wieder.

„Luca, wo bist du?"

Doch es gab keine Spur von ihm.

15 Klara liefen Tränen über das Gesicht.

Luca wäre beinahe in eine Falle gelaufen.

Greta und Sanja waren

so furchtbar hinterhältig.

Blind vor Tränen stolperte Klara weiter.

5 Sie wusste nicht mehr, wo sie war.

Sie lief durch ein unbekanntes Gartentor.

Schließlich kam sie an einer Straße an.

„Luca?", rief sie noch einmal.

Aber es kam keine Antwort.

10 Luca blieb verschwunden.

Klara konnte durch die Tränen
kaum noch etwas sehen.
Plötzlich hörte sie eine Stimme hinter
sich. „Hi!" Klara fuhr herum.
5 Luca stand vor ihr. Er lächelte.
Trotzdem sah er traurig aus.
Klara drückte ihn ganz fest.
„Ich dachte schon,
ich sehe dich nie wieder", rief sie.
10 „Und ich hätte nicht gedacht,
dass du mitkommst", erwiderte Luca.
Beide waren so glücklich,
dass sie sich wiederhatten.
Zu zweit war alles viel leichter.
15 Zusammen bummelten beide
bis in die Innenstadt.
Sie gingen die Fußgängerzone
auf und ab.

Niemand beachtete sie.
Aber nach einigen Stunden
wurden die Füße schwer.
Außerdem wurden die beiden müde und
5 hungrig. Klara und Luca setzten sich
auf eine Bank vor einem Kaufhaus
und dachten nach.

Wie sollte das jetzt weitergehen?
Sie konnten doch nicht
die ganze Nacht hier herumlaufen.
Plötzlich hatte Luca eine Idee.

5 „Komm mit!", sagte er.
Dann zog er sie
zu dem großen Kaufhaus hinüber.
„Und was machen wir da drin?",
wollte Klara wissen.

10 „Wir haben doch kein Geld.
Außerdem wird es schon spät …"
„Mal gucken, wo man sich hier gut
verstecken kann", war Lucas Antwort.

Ein unheimlicher Plan

Luca und Klara fuhren
die Rolltreppe hinauf.
Dann liefen sie eine Weile ziellos herum.
In einer Abteilung stand ein großes Bett.
5 Es war mit bunter Bettwäsche bezogen.
„Na bitte, da haben wir ja schon mal
ein Bett", flüsterte Klara. Luca nickte.
„Wir können hier wirklich übernachten",
sagte er. „Aber wie …", fragte Klara.
10 Doch da tönte eine Stimme
durch den Lautsprecher:
„Meine Damen und Herren,
bitte beenden Sie nun Ihren Einkauf.
Wir schließen in wenigen Minuten."

„Komm mit!", flüsterte Luca Klara zu.

Er zog sie zu einer Umkleidekabine.

Sie versteckten sich hinter einem Hocker.

„Soll ich den Vorhang zumachen?",

5 fragte Klara. Luca schüttelte den Kopf.

„Dann wundern die sich nur."

Sie hockten nun dicht aneinander

und warteten.

Noch einmal hörten sie Schritte
im Kaufhaus. Dann wurde alles still.
Luca und Klara sahen einander
aufgeregt an.

5 Waren sie jetzt ganz allein?
Plötzlich wurde das Licht ausgeschaltet.
Klara erschrak und wollte schreien.
Luca hielt seine Hand vor ihren Mund.
Es kam nur ein leises Quietschen

10 heraus.
Worauf hatte sich Klara da nur
eingelassen? Sie fürchtete sich sehr.
Auch Luca sah etwas ängstlich aus.
Vorsichtig schaute er aus der Kabine.

15 „Komm", flüsterte er Klara zu.
„Das Notlicht ist an.
Man kann etwas sehen."

Klara folgte Luca vorsichtig aus der
Kabine. „Ist wirklich keiner mehr da?",
fragte sie. Luca schüttelte den Kopf.
Die Kinder lauschten.
5 Es war so furchtbar still.
„Ich hole uns mal etwas zu essen
und zu trinken", flüsterte Luca.
Aber Klara hielt ihn panisch fest.
„Lass mich nicht allein!", zischte sie.
10 „Ich habe furchtbare Angst."
Luca spürte, wie Klara zitterte.
„Ich habe gar keinen Hunger", flüsterte
Klara. „Ich auch nicht", gab Luca zu.
„Weißt du noch, wo das Bett gestanden
15 hat?", fragte Klara.
Luca führte Klara durch die Abteilung.
Dann standen sie genau davor.

Klara merkte erst jetzt, wie müde sie war.
Auch Luca wollte nur noch schlafen.
Sie zogen nur ihre Schuhe
und den Anorak aus.
5 Dann legten sie sich ins Bett.
Nach zwei Minuten waren sie
eingeschlafen.

Eine sehr kurze Nacht

Klara schreckte hoch. Ihr Herz klopfte
laut. Luca hatte sie plötzlich
an den Arm gefasst. „Was ist ..?" „Psst!"
Schwere Schritte kamen auf sie zu.
5 Klara und Luca hatten schreckliche
Angst. Wer war das? Sollten sie sich
unter dem Bett ...? Zu spät!
Eine Taschenlampe leuchtete
genau in ihr Gesicht.

„Das gibt es doch nicht!", rief ein Mann.
„Paul? Komm mal rüber! Ich glaub,
ich hab sie." Klara und Luca bekamen
vor Angst kaum noch Luft.
5 Der andere Mann kam nun zu ihnen.
Er trug eine Polizeiuniform.
„Gott sei Dank! Polizei! Keine Einbrecher",
dachte Klara erleichtert.
Doch Luca sprang auf und versuchte,
10 zu flüchten.
Aber der Polizist hielt ihn fest.
„Nicht so eilig, junger Mann", sagte er.
Dann sah er ihn genauer an.
„Luca Fischer, nicht wahr?
15 Und die junge Dame ist Klara Kaufmann?"
„Woher wissen Sie ...?",
stotterte Luca erstaunt.

Da platzte dem Polizisten der Kragen:
„Ja, was glaubt ihr denn, was hier los
ist?", rief er. „Die ganze Stadt sucht nach
euch! Eure Eltern sind fix und fertig!"
5 Da bekam Klara ein schlechtes
Gewissen: „Ich wäre schon nach Hause
gekommen", sagte sie.
„Aber das weiß man ja leider nicht!",
meckerte der Polizist weiter.
10 „Es gibt ja auch genügend Kinder,
die nicht mehr zurückkommen."
Er zog sein Funkgerät aus der Tasche.
„Wir haben sie!", rief er hinein.
„Los, zieht eure Schuhe an!", sagte der
15 andere Polizist. „Eure Eltern warten auf
der Polizeiwache auf euch."

Die beiden Polizisten führten Luca und
Klara nach draußen. „Na, das wird
ein schönes Donnerwetter geben",
murmelte einer der beiden.

5 „Das ist alles meine Schuld",
erklärte Luca. „Klara ist nur
mitgekommen, weil sie mir helfen wollte."
„Das kannst du gleich deinen Eltern
erklären", brummte der Polizist.

Luca überlegte einen Moment.

„Meine Eltern?", frage er dann.

„Waren sie beide da? Wissen Sie,

ob sie wieder zusammen sind?"

5 „Sah ganz so aus", sagte der Polizist.

Er klang jetzt freundlicher.

„Sie hielten sich ganz fest an der Hand."

„Oh!", sagte Luca glücklich.

Die Polizisten setzten Klara und Luca

10 auf die Rückbank des Polizeiwagens.

Luca fasste Klaras Hand.

„Danke, dass du die ganze Zeit zu mir

gehalten hast", flüsterte er ihr zu.

„Jetzt gibt's bestimmt gleich einen

15 Riesenärger."

Klara lächelte.

„Aber wenn deine Eltern
wieder zusammen sind,
ist es doch halb so schlimm",

5 sagte sie. Einen Moment schwiegen sie.

„Klara", sagte Luca dann. „Du bist die
beste Freundin, die ich habe."

Klara lächelte.

„Und du mein allerbester Freund",

10 flüsterte sie.

Schlagzeilen aus der Region

Vermisste Kinder wieder aufgetaucht

In der Nacht von Donnerstag auf Freitag
wurden die beiden vermissten Kinder
Luca Fischer und Klara Kaufmann von
der Polizei aufgegriffen. Der 9-jährige Luca
5 war vergangenen Sonntag nach einem
Familienstreit von zu Hause weggelaufen.
Auf der Flucht hatte er am Dienstag die
gleichaltrige Klara Kaufmann kennengelernt.
Sie versteckte ihn zunächst in einem
10 Kellerraum ihrer Eltern. Später flüchtete sie
mit ihm weiter.

Die Flucht endete schließlich am frühen
Freitagmorgen im Kaufhaus Reichstein am
15 Marktplatz. Ein aufmerksamer Kunde bemerkte
kurz vor Ladenschluss die beiden Kinder,
die sich im Bereich der Umkleidekabinen
aufhielten.

Als dieser in den Abendnachrichten Fotos der vermissten Kinder sah, erkannte er sie sofort wieder und verständigte die Polizei.
Die ausgerückten Kollegen fanden die beiden
5 Kinder schließlich schlafend in einem Bett der Textilabteilung.

Am frühen Morgen konnten Luca und Klara schließlich zu ihren erleichterten Eltern zurückkehren. Lucas Eltern hatten in der
10 Zwischenzeit ihren eigenen Streit längst vergessen.

Über die Autorin

Hallo du!
Ich freue mich sehr, dass du mein Buch
„Luca will weg" gelesen hast. Ich habe es
nämlich sehr gerne geschrieben.
Mein Name ist Annette Weber. Ich lebe mit meiner
Familie in Bad Lippspringe, einer kleinen Stadt in
Westfalen. Seit etwa 30 Jahren schreibe ich
Bücher für Kinder und Jugendliche. Früher habe
ich als Grundschullehrerin gearbeitet, aber seit
zehn Jahren schreibe ich nur noch. Meinen Beruf
liebe ich über alles. Wenn die Tastatur meines
Computers klappert, bin ich richtig glücklich.

 Es würde mich sehr interessieren,
wie dir mein Buch gefallen hat.
Hast du Lust, mir zu schreiben?
Ich antworte auch ganz bestimmt.

Schreib einfach an den
    Verlag an der Ruhr
    Postfach 102251
    45422 Mülheim an der Ruhr
Viele liebe Grüße
      Annette Weber

Auch aus dieser Reihe:

Das Gespenst am Kleiderhaken

Zum Inhalt dieses Kinderromans:
Lea traut ihren Augen nicht: Schaut das Gespensterkostüm im Dachbodenschrank ihr nach? Quatsch, Gespenster gibt's nur im Märchen ... oder ... auf dem düsteren Speicher der Schule. Das kleine Gespenst Gertrud hängt schon seit Wochen an einem Kleiderhaken fest und will nichts als nach Hause. Lea und ihr großer Bruder Lasse starten eine heimliche Befreiungsaktion ...

Verlag an der Ruhr

Postfach 10 22 51
45422 Mülheim an der Ruhr

Telefon 030/89 785 235
Fax 030/89 785 578

service@verlagruhr.de
www.verlagruhr.de

■ **Das Gespenst am Kleiderhaken**

Lesestufe 1
Annette Weber
Ab 7 J., 56 S., A5, Paperback
ISBN 978-3-8346-2484-0

■ **Das Gespenst am Kleiderhaken**

Lesestufe 2
Annette Weber
Ab 7 J., 56 S., A5, Paperback
ISBN 978-3-8346-2485-7

■ **Das Gespenst am Kleiderhaken**

Lesestufe 3
Annette Weber
Ab 7 J., 56 S., A5, Paperback
ISBN 978-3-8346-2486-4

Weitere Titel in Planung.

K i d S – Klassenlektüre in drei Stufen

Verlag an der Ruhr

Postfach 10 22 51
45422 Mülheim an der Ruhr

Telefon 030/89 785 235
Fax 030/89 785 578

service@verlagruhr.de
www.verlagruhr.de

Auch aus dieser Reihe:

Das traust du dich nie, Jona!

Zum Inhalt dieses Kinderromans:
Jona kann es nicht fassen: Er soll bei den „Totenköpfen" aufgenommen werden, der coolsten Bande der Klasse? Dumm nur, dass seine beste Freundin Meike die „Totenköpfe" alles andere als cool findet. Heimlich stellt sich Jona den Mutproben der Bande. Zuerst läuft alles gut, doch dann muss Jona eine folgenschwere Entscheidung treffen, die auch seine Freundschaft zu Meike aufs Spiel setzt ...

■ Das traust du dich nie, Jona!
Lesestufe 1
Petra Bartoli y Eckert
Ab 8 J., 64 S., A5, Paperback
ISBN 978-3-8346-2438-3

■ Das traust du dich nie, Jona!
Lesestufe 2
Petra Bartoli y Eckert
Ab 8 J., 64 S., A5, Paperback
ISBN 978-3-8346-2439-0

■ Das traust du dich nie, Jona!
Lesestufe 3
Petra Bartoli y Eckert
Ab 8 J., 64 S., A5, Paperback
ISBN 978-3-8346-2440-6

Weitere Titel in Planung.

K i d S – Klassenlektüre in drei Stufen